BEI GRIN MACHT SICH IHR WISSEN BEZAHLT

AF140107

- Wir veröffentlichen Ihre Hausarbeit,
  Bachelor- und Masterarbeit

- Ihr eigenes eBook und Buch -
  weltweit in allen wichtigen Shops

- Verdienen Sie an jedem Verkauf

Jetzt bei www.GRIN.com hochladen
und kostenlos publizieren

Bibliografische Information der Deutschen Nationalbibliothek:

Die Deutsche Bibliothek verzeichnet diese Publikation in der Deutschen National-bibliografie; detaillierte bibliografische Daten sind im Internet über http://dnb.d-nb.de/ abrufbar.

Impressum:

Copyright © 2015 GRIN Verlag, Open Publishing GmbH
Druck und Bindung: Books on Demand GmbH, Norderstedt Germany
ISBN: 9783668423725

Dieses Buch bei GRIN:

http://www.grin.com/de/e-book/355114/strategische-unternehmensfuehrung-stra-tegieimplementierung-als-kontinuierlicher

Anonym

Strategische Unternehmensführung/Strategieimplementierung als kontinuierlicher Prozess

GRIN Verlag

GRIN - Your knowledge has value

Der GRIN Verlag publiziert seit 1998 wissenschaftliche Arbeiten von Studenten, Hochschullehrern und anderen Akademikern als eBook und gedrucktes Buch. Die Verlagswebsite www.grin.com ist die ideale Plattform zur Veröffentlichung von Hausarbeiten, Abschlussarbeiten, wissenschaftlichen Aufsätzen, Dissertationen und Fachbüchern.

Besuchen Sie uns im Internet:

http://www.grin.com/

http://www.facebook.com/grincom

http://www.twitter.com/grin_com

Inhaltsverzeichnis

1 Das Unternehmen

1.1 Grobe Darstellung des gewählten Unternehmens

Bei dem betrachteten Einzelunternehmen handelt es sich um einen gesundheitsorientierten Fitnessclub, namens Bochumer Body & Health Club („BBHC"). Er wurde im Jahre 2011 gegründet und weist die Rechtsform einer GmbH auf. In der folgenden Tabelle 1 werden die Unternehmensdaten aufgeführt.

Tabelle 1: Datenblatt des „BBHC"

Das Unternehmen "BBHC"	
Leistungs-angebot	• Massagen aller Art • Präventives Kraft-, Ausdauer-, Beweglichkeitstraining • Rehabilitatives Kraft-, Ausdauer-, Beweglichkeitstraining • Klassisches Kraft-, Ausdauer-, Beweglichkeitstraining • Wellnesslandschaft • Umfangreiche Testverfahren (Laktatmessung, bioelektrische Impedanzanalyse, etc.) • Vielfältige Kurse (Spinning, Yoga, Pilates, etc.) • Beratung & Betreuung auch durch Ärzte und Physiotherapeuten
Geräteaus-stattung	• „TechnoGym"-Geräte • „mkb-System"-Geräte • „Milon"-Kraft-Ausdauer-Zirkel • Kabelzüge • freie Gewichte
Zielgruppen	• gehobene soziale Schicht • Reha-Patienten • Sportler jeglicher Art • Alter: 30 – 65 Jahre
Größe	1819 m²

Im betrachteten Unternehmen wird die Hierarchie durch ein Einliniensystem nach dem „Top-Down-Prinzip" (vgl. Abb. 1) charakterisiert. An dieser Stelle sollte erwähnt werden, dass keine explizite Leitung für den Bereich "Marketing und Vertrieb" vorhanden ist. Die Geschäftsführung übernimmt den strategischen Part dieses Ressorts und leitet die Strategien an den Bereichsleiter der „Mitgliederbetreuung" weiter, welcher entsprechende Maßnahmen an die betroffenen Bereiche delegiert. Somit wird der aktive Verkauf nicht von einem dafür vorgesehenen Team durchgeführt. Vielmehr ist der Vorgang

des Verkaufens eine bereichsübergreifende Unternehmensaufgabe. Die Aufbauorganisation wird in der folgenden Abbildung 1 dargestellt.

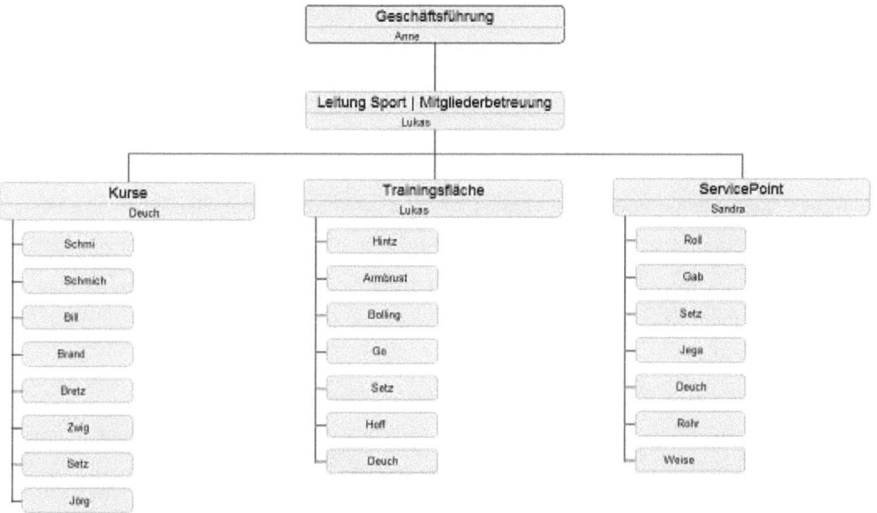

Abbildung 1: Organigramm für den "BBHC" (Namen sind modifiziert)

1.2 Vision/Leitbild

Vision:

Aufgrund der Tatsache, dass der „BBHC" regionaler Marktführer ist, besteht zunächst die unternehmerische und in diesem Fall feindfokussierte Vision darin, die Marktführerschaft erfolgreich zu verteidigen. Wird der Blick als bestehender Marktführer noch weiter in die Zukunft geworfen, wird zudem eine rollenfokussierte Vision sichtbar: Eine Vision, die sich große Gesundheitsanbieter zum Vorbild macht und bei der potenzielle Kunden den Namen der Unternehmung mit positiven Bildern, Nutzen und Vorteilen in Verbindung bringen. In Bezug auf die Gesundheitsbranche ist solch ein mögliches Vorbild das Franchising-Unternehmen „Kieser Training". Mit jener Unternehmung verbindet man die Beseitigung von Rückenleiden mit Hilfe einer qualifizierten Beratung, einer individuellen Betreuung und einer hohen Fachkompetenz durch die Zusammenarbeit mit Ärzten und Physiotherapeuten. Der betrachtete Gesundheitsclub in Nordrhein-

Westfalen hat die Vision, sich an diesen Aspekten zu orientieren, sie sogar noch zu verbessern durch z.B. eine zukünftige Erweiterung der Betreuung im Sinne einer Ernährungsberatung oder die Einführung aktueller und dennoch nachhaltiger Trends, um nicht nur eine ähnliche Expansion wie die Club-Kette „Kieser Training" zu erreichen, sondern um jene sogar um ein Vielfaches zu übertreffen. Diese Vision findet ihre Begründung in der Tatsache, dass eine Verteidigung der Marktführerschaft zwar ein anstrebenswertes Ziel bedeutet, sie jedoch lediglich den Erhalt des Status quo beinhaltet und somit unter Umständen für die Unternehmensmitglieder langfristig nicht ausreichend motivierend sein könnte. Der Gedanke nach einer überregionalen, nationalen oder gar europaweiten Expansion weist hingegen in eine langfristig Richtung, in die sich ein Marktführer wie der betrachtete Gesundheitsclub orientieren sollte. Die Vision der Expansion ist ein messbares sowie realistisches Ziel und lässt zugleich Grenzen verschwinden, um Spielraum für zahlreiche Fragen der Neugier zu gewähren, was laut Hinterhuber (2004, S. 73) der Kernaspekt einer unternehmerischen Vision sein sollte.

Leitbild mit dessen Grundsätzen:

Leitbilder sollen den wegweisenden Rahmen zur Realisation der Visionen bilden und sind Führungsgrundsätze, die an die Mitarbeiter gerichtet sind, um ihnen zur Orientierung im Hinblick auf ihr Verhalten gegenüber der internen sowie externen Unternehmensumwelt zu dienen. Sie sind auf die Gegenwart bezogen und bilden einen Handlungsrahmen mit steuernder und integrierender Funktion (Hinterhuber, 2011, S. 96). Auf dieser Basis wurde folgendes Leitbild mit folgenden Grundsätzen seitens des Gesundheitsclubs festgelegt:

- Das Mitglied steht im Mittelpunkt
- Individualität
- Professionalität & Qualitätssicherung
- Wertschätzung & Verantwortung

In diesem Zusammenhang lautet der Slogan, welcher das Leitbild mit seinen Grundsätzen in Bezug auf das betrachtete Unternehmen widerspiegelt, wie folgt:

„Unser Ziel ist es, Menschen durch eine professionelle Beratung

und individuelle Betreuung zu regelmäßiger Bewegung zu motivieren.

Gesundheit und Wohlbefinden stehen bei uns im Mittelpunkt.

Die Atmosphäre in unserem Haus ist von Herzlichkeit, Freundlichkeit

und einem gepflegtem Ambiente geprägt."

1.3 Darstellung der Strategie

Im Bereich der Unternehmensstrategien wird der „BBHC" vermehrt die Wachstumsstrategie umsetzten. So sind im nachfolgenden Abschnitt die einzelnen Wachstumsziele festgelegt. Diese beinhalten zum Beispiel die Marktdurchdringung mit der Akquise von 60 Neukunden innerhalb eines bestimmten Zeitraums oder die Marktentwicklungsstrategie mit der Expansion des Unternehmens in z.B. andere Städte und Bundesländer innerhalb einer festgelegten Zeitspanne. Die Produktentwicklungsstrategie wird z.B. mit der Entwicklung eines Franchise-Konzeptes erfüllt.

Kurzfristige Ziele:

- Steigerung der Mitgliederzahl um 60 Mitglieder innerhalb der nächsten sechs Monate.
- Eröffnung eines weiteren Studios in einer Großstadt in Nordrhein- Westfalen innerhalb von sechs Monaten.
- Ausbau des Netzwerks von Nordrhein- Westfalen in vier weiteren Großstädten innerhalb der nächsten zwölf Monate.

Mittelfristige Ziele:

- Eröffnung von drei weiteren Studios in Nordrhein- Westfalen innerhalb von drei Jahren.
- Entwicklung des Franchise-Konzeptes für ganz Deutschland innerhalb der nächsten drei Jahre.
- Aufbau einer internen Akademie für Mitarbeiterschulungen innerhalb von drei Jahren.
- Vorantreiben des Franchise-Konzeptes durch Eröffnung von mindestens einem Studio in jedem Bundesland innerhalb der nächsten fünf Jahre.

Langfristige Ziele:

- Erweiterung und Kommunikation des Franchise-Konzeptes auf internationaler Ebene innerhalb von zehn Jahren.
- Eröffnung des ersten Studios außerhalb Deutschlands innerhalb von zehn Jahren.

Im Bereich der Geschäftsstrategien hat der "BBHC" die Qualitätsführerschaft eingenommen. Die Differenzierungsmerkmale sind nachfolgend kurz aufgegliedert:

- Das Mitglied steht im Mittelpunkt
- Individualität in der Trainingsplanung
- Professionalität und Qualitätssicherung
- Wertschätzung und Verantwortung im Umgang mit Kunden als auch Mitarbeitern
- Geräte von marktführenden Herstellern
- Kooperationen mit Ärzten
- Als einziges Studio im Marktgebiet gibt es eine Komplettlösung aus Gerätetraining, Kursangebot, Wellnessangebot, Entspannung und physiotherapeutischen Maßnahmen.

Im Bereich der Funktionsbereichsstrategien strebt das Unternehmen die Personalstrategien an. So sollen mit einer eigenen internen Akademie die Qualifikationen der Mitarbeiter erweitert werden, um eigene Mitarbeiter für bestimmte Posten, z.B. dem eines Bereichsleiters, zu rekrutieren. Das Ausbilden von neuen Trainern und jungen Auszubildenden soll ebenfalls fokussiert werden und wird für die Zukunftsfähigkeit des Unternehmens elementar wichtig. In Bezug auf Fachpersonal soll so einem Mangel von vornherein entgegengewirkt werden.

Zusammenfassend werden die verschiedenen Strategieauswahlen begründet und hinsichtlich ihrer Beschaffenheit und Zielerreichung analysiert:
Ziel der Produkt-Markt-Strategien ist es zu expandieren, neue Märkte zu erschließen und somit einen größeren Kundenkreis mit einem Kompakt-Angebot zu befriedigen. Dabei soll die Qualitätsführerschaft, die der "BBHC" besitzt, weiterhin angestrebt werden. Jene Strategie hat dem betrachteten Unternehmen nicht nur Erfolg, sondern nach-

haltiges Ansehen sowie positives Feedback gebracht und war somit ausschlaggebend für das Erreichen der Marktführerschaft. Dies soll auch in allen folgenden Filialen ermöglicht werden. Mit der Personalstrategie sollen die Mitarbeiter besser geschult werden, womit sowohl die Service- als auch die Trainerqualität immer auf höchstem Niveau bleibt. Diese sind wiederum die Basis für die Qualitätsführerschaft. Außerdem werden den Mitarbeitern durch zusätzliche Qualifikationen Aufstiegschancen im eigenen Unternehmen geboten. Betrachtet man die Strategien hinsichtlich ihrer Beschaffenheit kann man zum Entschluss kommen, dass sich diese optimal ergänzen. Einer Expansion der momentanen Geschäftsfelder auf andere Städte oder Bundesländer mit der Integration einer eigenen Ausbildungs-Akademie, die unter anderem die Sicherung der Qualitätsführerschaft ermöglicht, ist daher realisierbar. Im Hinblick auf die Zielerreichung der Wachstumsziele kann festgehalten werden, dass eine Akquise von Neukunden, eine Expansion in andere Städte oder Bundesländer, sowie die Implementierung eines Franchise-Konzeptes eine sinnvolle und erreichbare Vision ist.

2   Strategieimplementierung als kontinuierlicher Prozess

Bevor das Vorgehensmodell der Strategieimplementierung nach Kolks auf das betrachtete Unternehmen bezogen wird, erfolgt an dieser Stelle zunächst eine allgemeine Definition und Erläuterung der Strategieimplementierung.

Nach Kreikebaum (1997, S. 89) befasst sich die Strategieimplementierung mit der Frage, wie der strategische Plan des Unternehmens, des Geschäftsbereichs oder des Funktionsbereichs in konkretes, strategiegeleitetes Handeln der Mitarbeiter umgesetzt werden kann. Nach Schlaffke und Plünnecke (2014, S. 183) kann dies sowohl als radikaler Wandel als auch in Form eines kontinuierlichen Prozesses von statten gehen. Da für den „BBHC" die Strategieimplementierung im Sinne eines kontinuierlichen Prozesses gewählt wird, soll nach Welge & Al-Laham (2008, S. 794) an dieser Stelle noch einmal herausgestellt werden, dass bei jenem Prozess die Aufgaben der Strategieimplementierung sachlich zusammengefasst und in eine chronologische, zeitliche Reihenfolge geordnet werden. Durch diese Vorgehensweise wird zum einen die Transparenz für den Implementierungsträger gesteigert, und zum anderen können die Meilensteine, die für die Erfolgskontrolle gesetzt werden, leichter definiert werden. Darüber hinaus lassen sich dadurch die Ressourcen sowie die Verantwortlichkeiten besser zuordnen.

Nach Kolks (1990, S. 257) werden die Aufgaben der Implementierung in die folgenden Teilphasen gegliedert:

- Implementierungsplanung
- Implementierungsrealisation
- Implementierungskontrolle

Das dazugehörige Vorgehensmodell der Strategieimplementierung als kontinuierlicher Prozess nach Kolks (1990, S. 257) wird in der folgenden Abb. 2 dargestellt:

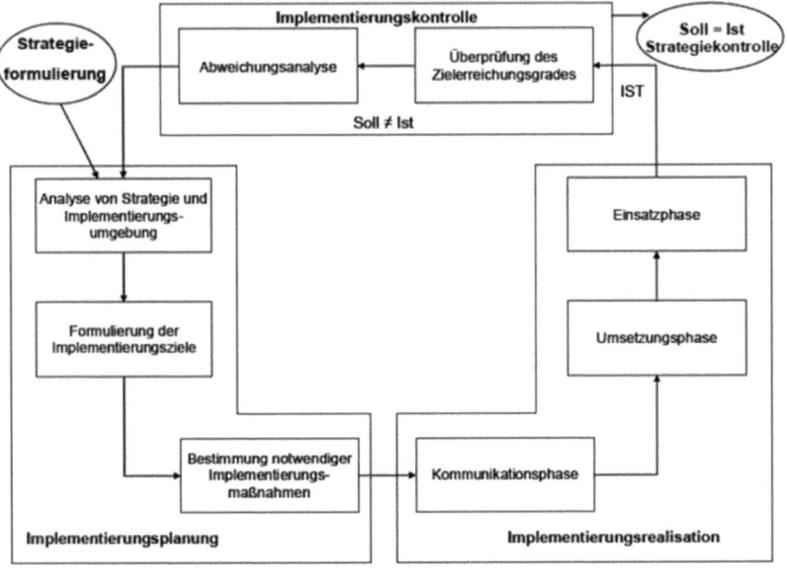

Abbildung 2: Vorgehensmodell der Strategieimplementierung als kontinuierlicher Prozess nach Kolks (1990, S. 257)

Nach Macharzina und Wolf (2005, S. 266) beinhalten Unternehmensstrategien jene Strategien, welche auf der obersten Hierarchieebene formuliert werden und somit die nachfolgenden Ebenen leiten. Sie geben demnach die generelle Stoßrichtung des Unternehmens an. Aus diesem Grund wird für das betrachtete Unternehmen die sich auf der ersten Ebene (Unternehmensebene) des Planungssystems befindliche Wachstumsstrategie in Form der Produktentwicklungsstrategie auf die einzelnen Phasen des Prozessmodells nach Kolks bezogen.

8

Implementierungsplanung:

Nach Raps (2004, S. 49) ist die sorgfältige Planung aller durchzuführenden Maßnahmen der entscheidende Faktor für deren Umsetzung. Im Rahmen der Implementierungsplanung ist zu Beginn sowohl die angestrebte Strategie zu formulieren als auch die Implementierungsumgebung zu analysieren (Raps, 2004, S. 49).

Nach Kolks (1990, S. 252) sind bei der Planung der Implementierungsmaßnahmen im Sinne der Strategieformulierung folgende Merkmale zu beachten:

- Operationalität
- Widerspruchsfreiheit
- Transparenz

Jene Analyse gibt Aufschluss darüber, welche Unternehmensbereiche von dem Wandel betroffen sind, und wie prägnant bzw. tief greifend jener implementierungsbezogene Wandel sein muss (Welge & Al-Laham, 2008, S. 815). Im Hinblick auf die Analyse der Implementierungsumgebung wird der organisatorische Geltungsbereich festgelegt. Hierbei wird eine IST-Analyse der einzelnen Unternehmensbereiche vollzogen. Sowohl die Führungs- und Organisationsstrukturen als auch die Arbeitsschwerpunkte zeigen mögliche Gestaltungsräume und Grenzen in der Strategieimplementierung auf (Kolks, 1990, S. 256). Da das betrachtete Unternehmen über bereichsabhängige Mitarbeiter und dazugehörige Bereichsleitungen verfügt, sind die Aufgabenschwerpunkte klar definiert, so dass eine eindeutige Transparenz gegeben ist und somit frei von Widersprüchen ist. Aufgrund der Qualifikation sämtlicher Mitarbeiter wird das Maß an Operationalität im Hinblick auf die gewählte Strategie (Wachstumsstrategie im Sinne einer Produktentwicklung) stark erhöht.

Im nächsten Schritt sind spezifische Implementierungsziele zu formulieren (Kolks, 1990, S. 256). Hierbei wird in Vorgehensziele, die sich auf die Durchführung der Strategieimplementierung sowie die spezifischen Kosten, Termine sowie organisatorische Regelungen des Implementierungsvollzugs beziehen, und in Systemziele, die den Umfang der Strategieimplementierung bzgl. der anzupassenden Erfolgsfaktoren (Soll-Werte) und der Akzeptanz fördernden Maßnahmen abgrenzen, unterschieden (Kolks, 1990, S. 108 – 113).

Wie in Aufgabe 1.3 bereits erläutert besteht das primäre Unternehmensziel darin, zu expandieren. Um jenes übergeordnete Ziel erreichen zu können, hat der „BBHC" z.B. folgende Vorgehensziele bzgl. der Strategieimplementierung definiert:

- pro Jahr absolviert jeder Mitarbeiter zwei Weiterbildungen,
- pro Jahr werden zwei große Marketing-Kampagnen zur Neukundengewinnung durchgeführt,
- pro Jahr werden zwei große Marketing-Kampagnen zur Mitgliedererhaltung durchgeführt.

Mögliche Systemziele im Zusammenhang mit der Strategieimplementierung lauten wie folgt:

- Senkung der Fluktuation auf 25% innerhalb eines Jahres,
- Erhöhung der Abschlussquote bei Verkaufsgesprächen auf 70% innerhalb von sechs Monaten,
- Erhöhung der Terminvereinbarungsquote (Re-Tests) auf 75% innerhalb von sechs Monaten.

Nachdem die Implementierungsziele operational bestimmt sind, kann mit der genauen Planung der Implementierungsmaßnahmen, ihrer Zuordnung auf Implementierungsträger sowie der Auswahl des Implementierungsstils begonnen werden (Welge & Al-Laham, 2008, S. 815). Es werden folgende mögliche Implementierungsmaßnahmen zur Zielerreichung deklariert:

Neukundengewinnung:
- zwei große Marketing-Kampagnen pro Jahr von externen Dienstleistern (z.B. „Greinwalder & Partner") erwerben,
- Aktion „Member get Member" forcieren,
- Kooperationen mit Praxen, Ärzten und regionalen Firmen (BGM) ausweiten,
- „Club-im-Club"-Systeme anbieten.

Mitgliedererhalt:

- zwei große Marketing-Kampagnen pro Jahr von externen Dienstleistern (z.B. „Greinwalder & Partner") erwerben,
- Club-Zeitung entwickeln,
- besondere Events anbieten (Saunanacht, Sommerfest, etc.),
- regelmäßiges Training belohnen (Gutscheine, „Punkte-Sammel-System", etc.).

Je nach Maßnahme sind die jeweiligen Bereichsleiter als Implementierungsträger anzusehen, welche die einzelnen Aufgaben an die entsprechenden Mitarbeiter ihres Teams delegieren. An dieser Stelle sollte zudem angemerkt werden, dass die Durchführung vieler der erläuterten Maßnahmen (z.B. die von extern erworbenen Marketing-Kampagnen) zahlreiche Schnittstellen zwischen den einzelnen Bereichen entstehen lassen, und es somit eine Vielzahl an Implementierungsträgern gleichzeitig gibt.

Bei den Überlegungen hinsichtlich eines adäquaten Führungsstils wird festgelegt, mit welcher Intensität die einzelnen Personen im Implementierungsprozess integriert sind, und in welchem Umfang die Mitarbeiter über die Implementierungsmaßnahmen sowie deren mögliche Konsequenzen informiert werden. Im Allgemeinen wird zwischen einem kooperativen und einem autoritären Implementierungsstil unterschieden (Krause, 2008, S. 139). Anhand des Organigramms (Abb. 1) ist ersichtlich, dass sich der „BBHC" für ein „Top-Down"-Prinzip entschieden hat und somit einen autoritären Implementierungsstil ausgewählt hat. Dies bedeutet, dass die Implementierungsträger und deren Mitarbeiter lediglich in begrenztem Maß in den jeweiligen Entscheidungsprozess eingebunden werden. Primär besteht ihre Aufgabe darin, die Maßnahmen umzusetzen, während die Geschäftsführung die Planung der Strategieimplementierung vollzieht.

Nach Raps (2004, S. 56) ist innerhalb der Ermittlung der notwendigen Implementierungsaufgaben zu beachten, dass sich im Zeitablauf der Strategieimplementierung eine Verlagerung des (relativen) Implementierungsschwerpunktes vollzieht. Dieser Sachverhalt wird in der folgenden Abb. 3 dargestellt:

Abbildung 3: Verlagerung der Implementierungsschwerpunkte im Zeitablauf (Raps, 2004, S. 57)

Die in Abb. 3 dargestellte Schwerpunktverlagerung lässt sich anhand von Komplementärbeziehungen zwischen Umsetzung- und Durchsetzungszielen erklären. Zu den Durchsetzungszielen gehört vor allem das Erreichen von Einstellungsakzeptanz gegenüber der gewählten Strategie. Im Rahmen dieser verhaltensorientierten Aufgabenstellung stehen das Kennen, Verstehen, Können und Wollen der Strategie im Vordergrund. Diese Aspekte sind Voraussetzung für die sachorientierte Umsetzung, denn nur bei Akzeptanz und exakter Kenntnis der Strategie kann diese auch in geeigneter Weise umgesetzt werden. Die Erfüllung von Umsetzungszielen hat wiederum einen positiven Effekt auf die generelle Akzeptanz der Strategieimplementierung. Es kann konstatiert werden, dass zum Ende der Schwerpunktverlagerung die Durchsetzung ab- und die Umsetzung hinsichtlich der Strategieimplementierung zunimmt. Dieser Effekt sollte bei der Bestimmung der Implementierungsmaßnahmen berücksichtigt werden (Raps, 2004, S. 57). Da die sachbezogenen Aufgaben operative Planungen wie z.B. die Konkretisierung der Strategie oder auch dessen Budgetierung beinhalten (Welge & Al-Laham, 2008, S. 793), wird jener Aufgabenbereich ausschließlich von der Geschäftsführung übernommen. Die verhaltensbezogenen Aufgaben, welche auf die Erreichung von Strategieakzeptanz zur Förderung des Implementierungsprozesses zielen, wie bspw. den Aufbau und Ausbau von Führungskompetenzen (Welge & Al-Laham, 2008, S. 793), werden zwar im ersten Schritt ebenfalls von der Geschäftsführung erfüllt, jedoch überträgt sie jene Erfüllung weiter an die einzelnen Bereichsleiter, die wiederum erneut dafür Sorge tragen, dass jedes Teammitglied die jeweilige Strategie nicht nur akzeptiert hat, sondern auch in der Lage ist, diese optimal umzusetzen.

Implementierungsrealisation:

Die in der Implementierungsphase festgelegten Maßnahmen sind in der Phase der Implementierungsrealisation in die Tat umzusetzen. Hierbei erfolgt zunächst die formale und informale Kommunikation der durchzusetzenden Maßnahmen in Form einer verständlichen Vermittlung der Strategieinhalte (Raps, 2004, S. 57). Im Verlauf der Kommunikationsphase findet spätestens an dieser Stelle die Schwerpunktverlagerung von der Durchsetzung zur Umsetzung statt (Raps, 2004, S. 57). Im betrachteten Unternehmen wird die verständliche Kommunikation der Strategieinhalte mit Hilfe einer Top-Down-Strategieverrmittlung innerhalb eines Meetings mit der Geschäftsführung, allen Bereichsleitern sowie allen Mitarbeitern durchgeführt.

Mit der Schaffung umsetzungsorientierter Projektteams beginnt die Umsetzungsphase. Aufgabe der Projektteams ist es, bereichsbezogene und –übergreifende Teilstrategien zur Spezialisierung der Strategie zu formulieren sowie Maßnahmen zur strategiebezogenen Ausrichtung (Gestaltungsbereich) der Erfolgsfaktoren zu entwickeln (Raps, 2004, S. 58). Hierbei sollte eine systematische Vorgehensweise vorgenommen werden. In den Projektteams werden anschließend die formulierten Teilstrategien in operative Aktionsprogramme übernommen. Es wird eine Minimierung des zeitlichen Umsetzungsprozesses angestrebt, um mit der Strategierealisierung schnellstmöglich fortfahren zu können. Um dies zu erreichen, ist eine effiziente Projektsteuerung und –koordination mit einer kontinuierlichen Orientierung an den Vorgehenszielen unabdingbar (Kolks, 1990, S. 256). Wie bereits erläutert sind die Bereichsleiter die Implementierungsträger. Sie sind für die Umsetzung der jeweils ihnen zugeordneten Implementierungsmaßnahmen verantwortlich und erhalten zur effizienten sowie optimalen Projektsteuerung und –koordination strukturierte Zeit- und Finanzvorgaben von der Geschäftsführung.

Der letzte Teilschritt, die Einsatzphase, stellt den Übergang von der Planung zur Realisierung dar (Kolks, 1990, S. 256). In jener Phase wird sowohl die Durchführung der Maßnahmen in den jeweiligen Bereichen integriert als auch das Team durch Meetings bzw. Schulungen in den einzelnen Bereichen eingewiesen. Die Bereichsleiter, sprich die Implementierungsträger, setzen die Strategieimplementierung in die Tat um, wobei sie stets im engen Dialog mit ihrem jeweiligen Team stehen: Dies erhöht die

Motivation und verhindert frühzeitige Fehler. Zudem steht die Geschäftsführung den Bereichsleitern als unterstützende Instanz zur Verfügung und kann Hilfestellung bei entscheidungsrelevanten Fragen geben, ohne die Implementierungsträger in ihren Kompetenzbereichen einzuengen und trotzdem im Sinne der strategischen Unternehmensführung steuernd agieren zu können.

Implementierungskontrolle:
Der letzte Schritt des Implementierungsprozesses stellt die Implementierungskontrolle dar. Anhand der Ergebnisse der Strategieimplementierung wird der Zielerreichungsgrad gemessen. Voraussetzung hierfür ist eine hinreichend operational formulierte Zielbeschreibung. Lediglich anhand von präzisen Zielformulierungen lassen sich Abweichungen ermitteln. Bei Übereinstimmung der Ergebnisse mit den festgelegten Soll-Werten ist die Implementierung abgeschlossen. Bei Abweichungen werden mit Hilfe einer Abweichungsanalyse Ursachen für die Abweichungspunkte ergründet (Raps, 2004, S. 58). Nach Kolks (1990, S. 261) können die Ursachen für Abweichungen sowohl in der Implementierungsplanung, bei den Implementierungsträgern, den realisierten Maßnahmen oder auch bei den Einflussgrößen der Implementierung liegen. Sind Ursachen für die Abweichung ausfindig gemacht worden, werden diese als Ansatzpunkt für weitere Maßnahmen aufgegriffen oder für eine Revision der Implementierungsziele verwendet (Raps, 2004, S. 58). Im betrachteten Unternehmen sollte an dieser Stelle eine Überprüfung der Vorgehens- bzw. Systemziele vorgenommen werden. Während bei den Vorgehenszielen die Anzahl der jeweils benutzten Hilfsmittel zur Erfüllung des übergeordneten Ziels bzw. der Strategieimplementierung (z.B. zwei Weiterbildungen pro Mitarbeiter pro Jahr, etc.) zu prüfen ist, sollten im Bereich der Systemziele die jeweiligen Kennzahlen (z.B. Abschlussquote, etc.) überprüft werden. Falls die Soll-Werte mindestens erreicht worden sind, kann die Implementierung abgeschlossen werden. Falls die Zielvorgaben nicht erfüllt worden sind, sollten entsprechende Maßnahmen (z.B. veränderte Marketing-Kampagne, etc.) ergriffen werden, um einen optimierten Prozess erneut beginn zu können.

3 Strategic Change und mögliche Widerstandsformen

3.1 Endwerte

Nach Ridder (1999, S. 565) können jene Werte als Endwerte bezeichnet werden, welche explizit oder implizit für einen Einzelnen oder eine Gruppe kennzeichnend sind und die Auswahl von Mitteln und Zielen der Handelnden beeinflussen. Hierbei differenziert Ridder (1999, S. 565) zwischen Zweck- und Endwerten. In diesem Zusammenhang erhalten Zweckwerte, auch äußere Werte genannt, ihren Wert durch ihre jeweilige Funktion. Endwerte werden auch als innere Werte bezeichnet und verankern sich aufgrund von verarbeiteten Erlebnissen tief emotional (Ridder, 1999, S. 565). Diesbezüglich werden im betrachteten Unternehmen folgende fünf Endwerte definiert:

1. Endwert: Kundenorientierung
2. Endwert: Qualitätsorientierung
3. Endwert: Gesundheitsorientierung
4. Endwert: Authentizität
5. Endwert: Kontinuierliche Entwicklung

3.2 Strategic Change

Bei einem „Strategic Change" handelt es sich um einen Wandel, der strategisch motiviert und über die Gesamtorganisation zu verwirklichen ist (Müller-Stewens & Lechner, 2005, S. 585). Zudem wird mit dem strategischen Wandel ein Unterscheidungskriterium von Wandel nach Objektbereichen angesprochen. Das bedeutet, dass sich der strategische Wandel auf die Veränderung der grundlegenden Unternehmensziele, der Strategien, der Unternehmensgrundsätze, der Managementsysteme oder der Unternehmenskultur bezieht. Jener Wandel betrifft somit auch die Veränderung der Erfolgspotentiale (Bamberger & Wrona, 2004, S. 427).

In Bezug auf den "BBHC" wurde im Rahmen einer IST-Analyse der unternehmensexternen Faktoren ermittelt, dass im Herbst dieses Jahres ein neues Gesundheitsstudio im Marktgebiet eröffnen wird. Auf der bereits fertiggestellten Homepage jenes neuen Clubs ist zu ersehen, dass dessen Angebotsspektrum vergleichbar mit dem des "BBHC" ist.

Zudem wurde anhand der IST-Analyse unternehmensinterner Daten festgestellt, dass die Fluktuationsquote in den letzten drei Monaten 30% betrug und somit signifikant über dem in Aufgabe 2.1 genannten Wert von 25% liegt. Die Nachbearbeitung der Kündigungen ergab zudem folgendes Ergebnis:

- 49%: Zeitmangel
- 16%: Sonstige Gründe
- 16%: Lustlosigkeit
- 13%: Unzufriedenheit
- 6%: Preis ist zu hoch

Auffällig am Ergebnis der Kündigungsnachbearbeitung ist, dass 49% der Befragten den Aspekt des Zeitmangels als Kündigungsgrund angegeben haben. Für den „BBHC" ist dies ein Hinweis darauf, dass die Mitglieder die regelmäßige und dauerhafte körperliche Aktivität im Club nicht als wichtig genug empfinden, um sich dafür Zeit zu nehmen. Bei jenen Mitgliedern ist es dem „BBHC" nicht gelungen, das Training als Bestandteil des Alltags zu integrieren. Zudem entstand bei einigen Mitgliedern im Laufe der Club-zugehörigkeit auch eine unterschwellige Monotonie: Dies bezeugen die 16% der Be-fragten, welche den Zustand der Lustlosigkeit als Grund für die Kündigung geäußert haben. Jene Tatsache steht in enger Verbindung mit der Quote derer, welche wegen Unzufriedenheit gekündigt haben (13%). Am kritischsten sollte man jedoch die Quote bei dem Aspekt „sonstige" (16%) betrachten. Hierbei handelt es sich um Mitglieder, welche keinen expliziten Kündigungsgrund genannt haben und somit die Aussage ver-weigert haben. Dies zeigt einen Mangel an Vertrauen dem „BBHC" gegenüber und könnte ebenfalls ein Indiz dafür sein, dass sich jene Mitglieder im betrachteten Club nicht wohlfühlen konnten. Ob ein kausaler Zusammenhang zwischen der erhöhten Kün-digungsquote und der Errichtung des neuen Clubs besteht, ist unklar. Eindeutiges ergab hingegen eine zum ersten Mal im Rahmen der IST-Analyse durchgeführte Kundenzu-friedenheitsbefragung: Lediglich 40% der Mitglieder sind zufrieden mit den derzeitigen Trainingsmöglichkeiten, was wiederum bedeutet, dass sich 60% der Bestandsmitglieder neue und innovative Geräte oder Trainingsmöglichkeiten wünschen.

Um die Kundenzufriedenheit zu steigern und die Fluktuationsquote wieder zu senken, wird der „BBHC" sein Angebotsspektrum um den Aspekt des Functional Trainings erweitern. Dadurch soll eine weitere Innovation geschaffen werden, welche die Mitglieder begeistert, einer möglichen Trainingsmonotonie entgegenwirkt und die Mitglieder somit langfristig an den Club bindet. Nach Thies und Lankheit (2014, S. 47) kann Functional Training von jeder Zielgruppe durchgeführt werden: Es ist - angefangen beim Jugendlichen über die Hausfrau bis hin zum Rentner - individuell angepasst für jedermann geeignet, so dass der „BBHC" seine bis dato aufgebaute Corporate Identity (moderner Gesundheitsclub) wahrt und gleichzeitig neue Zielgruppen (z.B. unter 30jährige Personen) durch jenes Neuangebot erschließen kann, um weitere Mitglieder generieren zu können. Das Functional Training soll den Mitgliedern nicht nur als frei nutzbare Erweiterung zur Verfügung gestellt werden, sondern zusätzlich in Form von Personal Training und Kursen im Club integriert werden. Es soll dadurch gewährleistet werden, dass sich die Mitglieder an feste Zeiten halten müssen, damit das Angebot als Bestandteil des Alltags angesehen wird und der regelmäßige Sport wieder an Bedeutung gewinnt. Mit Hilfe des Kurskonzeptes sowie des Personal Trainings wird der enge Kontakt zum Mitglied gefördert, so dass an dieser Stelle ein hohes Maß an Vertrauen entsteht.

Zusammenfassend kann resultiert werden, dass die Einführung des Functional Trainings die aus der Kündigungsnachbearbeitung sowie aus der Kundenzufriedenheitsbefragung hervorstechenden und eingangs erläuterten Aspekte ins Positive umwandeln soll, und zudem als Alleinstellungsmerkmal (USP) gegenüber dem neuen Gesundheitsstudio, welches jene Leistung laut Homepage nicht anbieten wird, dienen soll, um Wettbewerbsvorteile verschaffen zu können.

3.3 Maßnahmen im Rahmen des Managementkreislaufs

Aufgrund der neuen Situation und des damit verbundenen „Strategic Change" sind in Bezug auf den Managementkreislauf Anpassungen vorzunehmen. Der Managementkreislauf stellt sich wie folgt dar:

1. Teilbereich: IST-Analyse
In Aufgabe 3.2 erfolgte bereits die IST-Analyse.

2. Teilbereich: Zielsetzung

Im Rahmen des strategischen Wandels müssen u.a. folgende finanzielle Investitionen getätigt werden:

- Anschaffung neuer Geräte
- außerplanmäßige (sprich außerhalb der zwei Fortbildungen pro Jahr) Schulungen von Mitarbeitern
- Kosten für Marketing (Vermarktung des neuen Angebots)

Aufgrund jener finanzieller Aspekte und der Tatsache, dass sich ein neuer Mitbewerber ansiedeln wird, müssen die Ziele neu definiert werden. Hierbei gibt es zwei Möglichkeiten: Die erste Möglichkeit ist, dass man aufgrund der neuen Situation die zuvor festgelegten Unternehmensziele kaufmännisch vorsichtig umformuliert. Die zweite Möglichkeit ist, dass man optimistisch prognostiziert und davon ausgeht, dass der neue Mitbewerber keinen spürbaren Einfluss auf die bereits festgelegten Ziele hat und man lediglich den Verlust an Mitgliedern, welche durch die erhöhte Fluktuation (30%) entstanden ist, schnellstmöglich kompensieren muss.

Aufgrund der langjährigen Monopolstellung am Markt und der Einführung des neuen Angebots hat sich der „BBHC" für die letztere Variante der neuen Zieldefinition entschieden. Es wird davon ausgegangen, dass der neue Mitbewerber – auch aufgrund der Einführung des Functional Trainings - keinen signifikanten Einfluss auf die mittel- oder langfristigen Ziele haben wird. Zudem wird von einer erfolgreichen Markteinführung und Integration des Functional Trainings in das bestehende Angebot im Club ausgegangen, was zu einer Umsatzsteigerung durch eine erhöhte Anzahl an neuen Mitgliedschaften und die damit verbundenen Zusatzeinnahmen (z.B. Getränke, etc.) führen wird.

Aufgrund dessen und in Anlehnung an die Zielformulierungen in Aufgabe 1.3 und Aufgabe 2 werden lediglich die kurzfristigen Ziele neu definiert. Jene neuen Zielsetzungen werden in Tabelle 2 und Tabelle 3 dargestellt:

Tabelle 2: Bisherige Unternehmensziele und Neudefinition der Unternehmensziele im Vergleich (1. Teil)

Bisherige Unternehmensziele	Neudefinition der Unternehmensziele
Kurzfristige Ziele	Kurzfristige Ziele
• Steigerung der Mitgliederzahl um 60 Mitglieder innerhalb der nächsten sechs Monate.	• Steigerung der Mitgliederzahl um 90 Mitglieder innerhalb der nächsten sechs Monate.
• Eröffnung eines weiteren Studios in einer Großstadt in Nordrhein- Westfalen innerhalb von sechs Monaten.	• Eröffnung eines weiteren Studios in einer Großstadt in Nordrhein- Westfalen innerhalb von sechs Monaten.
• Ausbau des Netzwerks von Nordrhein- Westfalen in vier weiteren Großstädten innerhalb der nächsten zwölf Monate.	• Ausbau des Netzwerks von Nordrhein- Westfalen in vier weiteren Großstädten innerhalb der nächsten zwölf Monate.
• Senkung der Fluktuation auf 25% innerhalb von zwölf Monaten.	• Senkung der Fluktuation auf unter 25% innerhalb von zwölf Monaten.
• Erhöhung der Abschlussquote bei Verkaufsgesprächen auf 70% innerhalb von zwölf Monaten.	• Erhöhung der Abschlussquote bei Verkaufsgesprächen auf 80% innerhalb von zwölf Monaten.
• Erhöhung der Terminvereinbarungsquote (Re-Tests) auf 75% innerhalb von zwölf Monaten.	• Erhöhung der Terminvereinbarungsquote (Re-Tests) auf 85% innerhalb von zwölf Monaten.
• Der Aspekt der Kundenzufriedenheit wurde bis dato nicht ermittelt.	• Erhöhung der Kundenzufriedenheit auf 75% innerhalb von zwölf Monaten.
• Pro Jahr absolviert jeder Mitarbeiter zwei Weiterbildungen.	• Jeder Mitarbeiter absolviert zusätzlich zu den zwei Weiterbildungen pro Jahr mind. eine weitere außerplanmäßige Weiterbildung innerhalb der nächsten zwei Monate.
• Pro Jahr werden zwei große Marketing-Kampagnen zur Neukundengewinnung durchgeführt.	• Zusätzlich zu den zwei großen Marketing-Kampagnen pro Jahr zur Neukundengewinnung / Mitgliedererhaltung wird jeweils eine weitere große Vermarktungskampagne für Functional Training zur Neukundengewinnung / Mitgliedererhaltung innerhalb der nächsten zwei Monate durchgeführt.
• Pro Jahr werden zwei große Marketing-Kampagnen zur Mitgliedererhaltung durchgeführt.	

Tabelle 3: Bisherige Unternehmensziele und Neudefinition der Unternehmensziele im Vergleich (2. Teil)

Bisherige Unternehmensziele	Neudefinition der Unternehmensziele
Mittelfristige Ziele	**Mittelfristige Ziele**
• Eröffnung von drei weiteren Studios in Nord-rhein- Westfalen innerhalb von drei Jahren.	• Eröffnung von drei weiteren Studios in Nordrhein-Westfalen innerhalb von drei Jahren.
• Entwicklung des Franchise Konzeptes für ganz Deutschland innerhalb der nächsten drei Jahre.	• Entwicklung des Franchise Konzeptes für ganz Deutschland innerhalb der nächsten drei Jahre.
• Aufbau interner Akademie für Mitarbeiterschulun-gen innerhalb von drei Jahren.	• Aufbau interner Akademie für Mitarbeiterschulun-gen innerhalb von drei Jahren.
• Vorantreiben des Franchise-Konzeptes durch Eröffnung von mindestens einem Studio in jedem Bundesland innerhalb der nächsten fünf Jahre.	• Vorantreiben des Franchise-Konzeptes durch Er-öffnung von mindestens einem Studio in jedem Bundesland innerhalb der nächsten fünf Jahre.
Langfristige Ziele	**Langfristige Ziele**
• Erweiterung und Kommunikation des Franchise-Konzeptes auf internationaler Ebene innerhalb von zehn Jahren.	• Erweiterung und Kommunikation des Franchise-Konzeptes auf internationaler Ebene innerhalb von zehn Jahren.
• Eröffnung des ersten Studios außerhalb Deutsch-lands innerhalb von zehn Jahren.	• Eröffnung des ersten Studios außerhalb Deutsch-lands innerhalb von zehn Jahren.

3. Teilbereich: Planung

In der ersten Phase der Planung sollte zunächst entschieden werden, wie das neue Angebot in den Club integriert werden soll. Im betrachteten Unternehmen sind ausreichende räumliche Ressourcen in Form eines großen leerstehenden Lagerraumes, der explizit für solche zukünftige Entwicklungen frei gehalten wurde, vorhanden. Um die Anbindung an die traditionelle Kraft- und Cardiotrainingsfläche gewährleisten zu können, wird eine Wand des Raumes eingerissen. So wird eine Brücke zwischen dem Kraft-, Cardio- und dem Functional-Fitness-Bereich geschlagen, so dass alle Trainingsformen nicht nur nebeneinander existieren können, sondern sich auch gegenseitig bereichern können. Nur so erschließt sich für die Mitglieder des „BBHC" auch der Mehrwert. Nach Thies und Lankheit (2014, S. 46) ist eine Fläche von neun bis zehn m² pro Mitglied als ausreichend anzusehen, wobei maximal 15 Mitglieder gleichzeitig das Functional Training absolvieren können.

Da die Thematik des Functional Trainings für den „BBHC" komplett unbekannt ist und es nach Tsolakis (2014, S. 52) inzwischen ein Überangebot an Functional-Fitness-Herstellern gibt, hat sich der Club für einen Anbieter entschieden, der ihnen ein Komplettangebot, bestehend aus Konzeptentwicklung, Planung, Finanzierung, Realisierung und Ausbildung sämtlicher Mitarbeiter aus einer Hand erstellt. Dadurch wird sichergestellt, dass alle Elemente aufeinander abgestimmt sind. Für den Erwerb des Komplettangebotes plant der „BBHC" mit einem Budget in Höhe von maximal 35.000 Euro.

In Bezug auf die Vermarktung verfolgt das betrachtete Unternehmen die Strategie „von innen nach außen". Das heißt, dass das neue Angebot zunächst bei den Bestandsmitgliedern beworben wird, um jene als zusätzliche Werbeträger nutzen zu können. In Bezug auf die interne und externe Vermarktung wird der „BBHC" mit dem gewählten Anbieter des Functional-Fitness-Konzeptes bzw. mit einer externen PR-Agentur eine professionelle Vermarktungsstrategie erarbeiten. Die Kosten für die Vermarktung dürfen sich maximal auf eine Summe in Höhe von 10.000 Euro belaufen.

4. Teilbereich: Durchführung

Die in der Planung erläuterten Schritte werden nun in die Tat umgesetzt. Es wird sich für einen Anbieter entschieden und mit ihm zusammen ein Vermarktungskonzept entwickelt. Von den Mitarbeitern werden die notwendigen Weiterbildungen wahrgenommen. Zusätzlich werden in Team-Meetings der „Strategic Change" und die daraus resultierenden Anpassungen kommuniziert, erklärt und diskutiert. Um ein hohes Maß an zukünftiger Umsetzungsqualität (5. Teilbereich: Realisation) der neuen Strategie zu erreichen, sollten die neu verfassten Betreuungs- und Servicestandards durch interne Schulungen kommuniziert werden. Da ein strategischer Wechsel zu mentalen Widerstände und einem wertekonformen Verhalten bei den Mitarbeitern führen kann, ist es die Zielsetzung solcher Meetings, die gedankliche Einkopplung von Gewohnheiten sowie der Verankerung der neuen Leitlinien herauszuarbeiten (Kolks, 1990, S. 115). Hierbei ist es von entscheidender Bedeutung, dass jeder Mitarbeiter die neue Strategie kennen, verstehen und umsetzen will. Nur dann ist eine Identifikation mit der neuen Strategie und damit mit dem Unternehmen gegeben, so dass die neuen Maßnahmen in optimaler Weise umgesetzt werden können (Kolks, 1990, S. 115).

5. Teilbereich: Realisation

Neben den räumlichen Umbaumaßnahmen muss vor allen Dingen die Implementierung des neuen Angebots in das laufende Tagesgeschäft vollzogen werden. Nach Tsolakis kann dieser Vorgang bis zum einem Jahr dauern (2015, S. 52).
Tsolakis (2015, S. 52) erörtert weiter, dass „sich sowohl für die Mitglieder als auch für die Mitarbeiter etwas verändert. Wie ein Kind, das zu Weihnachten ganz viel neues

Spielzeug bekommen hat, aber nicht weiß, wo es mit dem Spielen anfangen soll, müssen die Mitglieder zum Beispiel über Schnupperkurse langsam an das Thema herangeführt werden." Die Mitarbeiter müssen die Mitglieder auf der Trainingsfläche abholen und ihnen einige wenige Übungen zeigen, um sie nicht gleich zu überfordern. Es liegt primär an den Trainern, mit den Kunden aktiv zu arbeiten und anfängliche Barrieren abzubauen (Tsolakis, 2015, S. 52). Zudem findet in dieser Phase des Managementkreislaufs auch die Umsetzung der zuvor entwickelten internen sowie externen Vermarktungsmaßnahmen des Angebots statt. Dies geschieht in enger Zusammenarbeit mit dem gewählten Anbieter des Functional-Fitness-Konzeptes. Im Folgenden sind einige der Vermarktungsmaßnahmen aufgeführt:

Beispiele für interne Vermarktungsmaßnahmen:
- Schnupperkurse für Bestandsmitglieder,
- vergünstigtes Personal Training für Bestandsmitglieder (Angebot ist zeitlich begrenzt),
- Infoabende bzgl. des Thematik „Functional Fitness",
- Artikel bzgl. der Thematik „Functional Fitness" in der Clubzeitung,
- große Einweihungsfeier (z.B. mit Gewinnspielen, etc.) zur Angebotseinführung veranstalten.

Beispiele für externe Vermarktungsmaßnahmen:
- neues Angebot über Kooperationspartner bewerben lassen (z.B. Ärzte, etc.),
- regionale Persönlichkeiten der Öffentlichkeit (z.B. Bürgermeister) zum Functional Training einladen und dies als redaktionellen Zeitungsartikel publizieren,
- große Einweihungsfeier (z.B. mit Gewinnspielen, etc.) zur Angebotseinführung veranstalten.

6. Teilbereich: Kontrolle

In der letzten Phase des Managementkreislaufs erfolgt die Überprüfung der geplanten Maßnahmen. Sind sowohl der zeitliche und der finanzielle Rahmen als auch alle weiteren Maßnahmen zufriedenstellend umgesetzt worden, ist der strategische Wandel erfolgreich abgeschlossen. Falls Abweichungen, insbesondere bei der Überprüfung der kurzfristigen Zielsetzungen, festzustellen, müssen erneute Anpassungen vorgenommen, so dass der Managementkreislauf erneut beginnt. Zudem sollte ein kontinuierliches Controlling eingeführt werden, um einen ständigen Überblick bzgl. des Prozesses des „Strategic Change" zu erhalten, um auf Aufweichungen zeitnah reagieren zu können. Dadurch kann die Phase der Kontrolle zusammenfassend als prozessbegleitende Aufgabe angesehen werden, die bereits mit der ersten Entscheidung im Planungsprozess beginnt (Weigand & Krause, 2011, S. 86).

3.4 Widerstandsformen

Neue Strategien bedeuten Veränderung und führen häufig zu Verhaltenswiderständen (Kreikebaum, 1997, S. 90). Auch Nach Müller-Stewens und Lechner (2005, S. 581) kommt es bei einem Wandelprozess häufig zu einem Spannungsfeld zwischen retardierenden Kräften, welche die bestehende Struktur stabilisieren möchten und akzelerierenden Kräften, die auf Veränderung drängen. Diese Widerstände können offensichtlich sein, sind aber oftmals latent und subversiv (Müller-Stewens & Lechner, 2005, S. 581). Müller-Stewens und Lechner (2005, S. 581) führen fort, dass jene Widerstände stets von Personen ausgedrückt werden, und dass sich trotz eines Wechsels der Personen nicht viel am Widerstand ändert. Heintel und Krainz (2000, S. 51) bezeichnen dieses Phänomen als „Systemabwehr" und betonen somit die über Einzelindividuen hinausgehende Macht. Hierbei haben die Beteiligten Interessenkonflikte, welche darin bestehen, dass der Tausch der alten, gewohnten Abläufe gegen die neuen Richtlinien als ein schlechter Tausch empfunden wird. Ferner besteht ein Gefühl der Angst, sich mit den neuen Gegebenheiten zurechtfinden zu können. Ein Widerstand entsteht, wenn die Strategie des Unternehmens als schädlich angesehen wird (Müller-Stewens & Lechner, 2005, S. 581).

Allgemein lassen sich daraus zwei Widerstandsebenen ableiten. Auf der einen Ebene sind es Widerstände aus der jeweiligen Person heraus. Charakteristisch ist für jene Ebene, dass die beteiligten Personen wenig Bereitschaft für den Wandel zeigen, da ein routinierter Ablauf ihnen Sicherheit und Bequemlichkeit bietet. Auf der anderen Ebene können Widerstände auch aus der Organisation heraus entstehen. Der organisatorische Wandel wird hierbei als politischer Prozess angesehen. Hierbei entsteht der Widerstand, wenn Machtpositionen bzw. Entscheidungsbefugnisse neu verteilt werden (Müller-Stewens & Lechner, 2005, S. 582).

Nach Doppler und Lauterburg (1997, S. 296) werden die allgemeinen Symptome für einen Widerstand wie folgt kategorisiert:

Allgemeine Symptome für Widerstand		
	verbal *(Reden)*	non-verbal *(Verhalten)*
aktiv *(Angriff)*	Widerspruch Gegenargumentation Vorwürfe Drohungen Polemik Sturer Formalismus	Aufregung Unruhe Streit Intrigen Gerüchte Cliquenbildung
passiv *(Flucht)*	Ausweichen Schweigen Bagatellisieren Blödeln ins Lächerliche ziehen Unwichtiges debattieren	Lustlosigkeit Unaufmerksamkeit Müdigkeit Fernbleiben innere Emigration Krankheit

Abbildung 4: Allgemeine Symptome für Widerstand (Doppler & Lauterburg, 1997, S. 296)

Aus Abbildung 4 können in Bezug auf die in Aufgabe 3.3 erläuterten Maßnahmen folgende mögliche Widerstände im betrachteten Unternehmen abgeleitet werden:

Aktiv und verbal:

1. Die Mitarbeiter könnten das Gegenargument hervorbringen, dass es sich bei Functional Training lediglich um einen temporären Trend handelt und sich als Fehlinvestition erweisen wird.

2. Es könnte der Unternehmensführung der Vorwurf gemacht werden, warum sie nicht schon ab Unternehmensgründung regelmäßige Kundenzufriedenheitsbefragungen durchgeführt hat. So hätte man in regelmäßigen zeitlichen Abschnitten auf die Kundenwünsche reagieren können und den Club kontinuierlich den jeweiligen Neuerungen anpassen können.

3. Es könnte der Unternehmensführung der Vorwurf gemacht haben, warum man einem externen Dienstleister die Vermarktung des neuen Angebots anvertraut und somit die Zukunft des Unternehmens in fremde Hände legt.

Aktiv und non-verbal:

1. Es könnte das Gerücht entstehen, dass das „BBHC" insolvent geht, wenn die Einführung des neuen Angebots fehlschlägt.

2. Es könnte zur Cliquenbildung kommen: Auf der einen Seite die Befürworter des „Strategic Change". Auf der anderen Seite die Gegensprecher bzgl. des strategischen Wandels.

3. Die in Punkt 1 und Punkt 2 erläuterten Widerstände könnten wiederrum zu Unruhe im Unternehmen führen.

4. Mitarbeiter haben Bedenken, dass sie durch das neue Angebot zusätzliche Aufgaben erhalten bzw. ihren gewohnten Kompetenzbereich aufgeben müssen.

5. Es könnten Zweifel/Bedenken darüber entstehen, ob das neue Angebot und die damit verbundenen Änderungen im Club-Alltag von den Bestandsmitgliedern akzeptiert werden.

Passiv und verbal:

1. Die Mitarbeiter versuchen den Ernst der Lage durch Bagatellisieren und Blödeleien zu verdrängen.

Passiv und non-verbal:

1. Widerstand durch eine erhöhte Krankheitsquote seitens der Mitarbeiter.

2. Widerstand durch unmotivierte Arbeitsweise (Lustlosigkeit, etc.).

3. Fernbleiben bei den Meetings und Schulungen bzw. Weiterbildungsmaßnahmen.

3.5 Wertekonformes Verhalten und Wertekonflikte

Nach Engel und Dutt (2002, S. 7) ist es für ein Unternehmen entscheidend, zu erkennen, dass eine Angleichung zwischen Unternehmenskultur und den Wertorientierungen der Mitarbeiter unerlässlich ist. Engel und Dutt (2002, S. 7 – 8) folgern weiter, dass der Mensch mit seinem Wissen als Wertschöpfungsquelle des Unternehmens eine Wichtigkeit erlangt, die es nicht mehr erlaubt, Mitarbeiter einfach an die Unternehmenskultur anzupassen. Die Werte der Mitarbeiter selbst sind ernst zu nehmen und in die Unternehmenskultur zu übernehmen, entsprechende Strukturen sind zu schaffen. Sind die Grundwerte der Mitarbeiter beispielsweise Individualität und Selbständigkeit, so muss die Zieldefinition „Schaffung persönlicher Frei- und

Wahlräume", ebenso wie „Förderung der Selbständigkeit" lauten. Diese Ziele werden durch die Personalpolitik eines Unternehmens erreicht. Im betrachteten Unternehmen könnten dazu z.B. folgende Strategien entwickelt werden:

- ein System von Zielvereinbarungen,
- Förderung der Übernahme von persönlicher Verantwortung,
- Flexibilisierung eines Zusatzleistungsprogramms.

Nur in einem Umfeld, in dem konfliktbewusst und positiv mit Konflikten umgegangen wird, wird die Dienstleistung durch den einzelnen Mitarbeiter und die Vernetzung seines Wissens mit dem der anderen optimal funktionieren. Daher ist es von fundamentaler Bedeutung für ein Unternehmen wie dem „BBHC", rechtzeitig mit der Implementierung eines Systems zum Konfliktmanagement zu beginnen (Engel & Dutt, 2002, S. 5). Aufgabe des Konfliktmanagementsystems muss es sein, die Kommunikation über die Wertvorstellungen der Mitarbeiter anzuregen und in Fluss zu halten. Die Unternehmensführung selbst muss ihre Vorbildfunktion erfüllen, indem sie die Unterschiedlichkeit in Wertvorstellungen als für das Unternehmen positiv und inspirierend erlebt und die Reibungskraft, die Unterschiedlichkeit immer erzeugt, in Energie für das Unternehmen transferiert. Es gilt, die Vielfalt in einem Unternehmen zu managen, als eine wahre Managementaufgabe zu erkennen und die entsprechenden Strukturen zu schaffen, damit die Heterogenität in einem Unternehmen nicht zu Chaos führt, sondern zu dessen starker Position am Markt. So wird eine Prävention negativer Wertkonflikte erreicht, ohne dass die Innovationskraft in einem Unternehmen eingeschränkt ist. Wenn es zu einem Ausbruch eines Wertkonfliktes zwischen einem Mitarbeiter und dem Unternehmen kommen sollte, ist das oberste Gebot, die Werte der Mitarbeiter ebenso ernst zu nehmen wie die Werte des Unternehmens. Für ein Unternehmen darf das ungleiche Kräfteverhältnis zwischen dem Unternehmen und seinen Mitarbeitern nicht dazu führen, dass im Ergebnis von den Mitarbeitern verlangt wird, ihre Werte an die des Unternehmens anzupassen. Ein Mitarbeiter, der durch Implementierung fremder Werte in sein Wertesystem fremdbestimmtes Verhalten zeigt, verliert seine Authentizität, büßt damit seine kreative Energie ein und kann sein Wissen dem Unternehmen nicht mehr zur Verfügung stellen (Engel & Dutt, 2002, S. 8 – 9). In Bezug auf das betrachtete Unternehmen würde an dieser Stelle ein Wertkonflikt entstehen: Da einer der Endwerte des „BBHC" den Aspekt der Authentizität darstellt, wäre es unvereinbar, dass Mitarbeiter sich nicht authentisch verhalten würden. Dies hätte wiederum einen negativen Einfluss auf das Entscheidungsverhalten der Mitarbeiter. Sie müssten nämlich Entscheidungen treffen, welche sie mit ihrer eigenen Wertevorstellung nicht vertreten könnten. Jene Entscheidungen würden getroffen werden, um lediglich dem „Willen" der Geschäftsführung gerecht werden zu können.

Nach Engel und Dutt (2002, S. 6 – 7) haben jene Wertkonflikte ihre Ursache in unterschiedlichen Wertorientierungen der Konfliktparteien. Unabhängig von seiner Aufgabe in einem Unternehmen hat jeder Mensch sein eigenes Wertesystem, das ihm bei sämtlichen Ereignissen und Entscheidungen in seinem Leben Orientierung gibt und ihn so handlungsfähig macht. Die Orientierung eines Menschen ist häufig gar nicht und wenn, dann nur durch massiven Eingriff in sein Wertesystem zu ändern. Der Mensch ist geprägt durch Bestrebungen nach Unabhängigkeit, Aktivität, einem ausgeprägtem Grad der Kontrolle über die eigene Situation sowie das Hinterfragen der Sinnhaftigkeit seines Tuns. Treten Wertkonflikte zwischen Mitarbeitern auf, bedeutet eine Entscheidung durch eine dritte Partei von oben immer einen Angriff auf die Wertvorstellungen zumindest einer Partei. Dies wiederum bedingt eine Störung der Kommunikation dieser Partei und damit seiner Wissenspreisgabe mit der Folge, dass u.U. das gesamte Umfeld dieses Mitarbeiters „infiziert" werden kann. Treten Wertkonflikte zwischen Mitarbeitern und dem Unternehmen auf, sind die Folgen genauso schwerwiegend. Ein Mitarbeiter, der seine Werte nicht in denen der Unternehmenskultur widergespiegelt sieht, wird nicht motiviert sein, seine volle Arbeitskraft einzubringen und sein gesamtes Wissen dem Unternehmen zur Verfügung zu stellen. Und hierin entstünde ein weiteres Dilemma für den „BBHC": Das Unternehmen benötigt die Innovationskraft jedes einzelnen Mitarbeiters, die nur durch Einsatz des Wissens der Mitarbeiter garantiert werden kann, um einen z.B. einen weiteren Endwert, nämlich den der kontinuierlichen Entwicklung, verwirklichen zu können.

Engel und Dutt (2002, S. 7) fassen zusammen, dass nur der Mitarbeiter, welcher weitestgehend nach seinen individuellen Werten handeln kann und darf, die Selbstsicherheit und das Selbstbewusstsein erlangen wird, um neue Ideen zu entwickeln, aber auch um Verbindungen zwischen Menschen herzustellen, die eindeutige Wettbewerbsvorteile für ein Unternehmen bringen können.

27

4 Balanced Scorecard

4.1 Strategiekarte

Das Konzept der Balanced Scorecard (BSC) wurde Anfang der neunziger Jahre von Kaplan und Norton entwickelt (Weigand & Krause, 2011, S. 95). Die Balanced Scorecard ist ein Führungsinstrument zur Strategiebeschreibung und –umsetzung, in dem materielle und immaterielle Vermögenswerte zu wertschaffenden Aktivitäten verbunden werden (Kaplan & Norton, 2001, S. 61). Sie überträgt die Mission sowie die Strategie eines Unternehmens in spezifizierte Ziele und Kennzahlen, wodurch die Umsetzungswahrscheinlichkeit der Strategie erhöht und das Wertschöpfungspotenzial beurteilt und ausgenutzt werden können (Welge & Al-Laham, 2008, S. 824). Nach Kaplan und Norton (1997, S. 24) wird die BSC in folgende vier Perspektiven unterteilt:

- Finanzielle Perspektive
- Kundenperspektive
- Interne Prozess- bzw. Geschäftsprozesse
- Lernen und Entwicklung

Die grafische Darstellung und somit der Aufbau der BSC wird in der folgenden Abbildung 5 dargestellt:

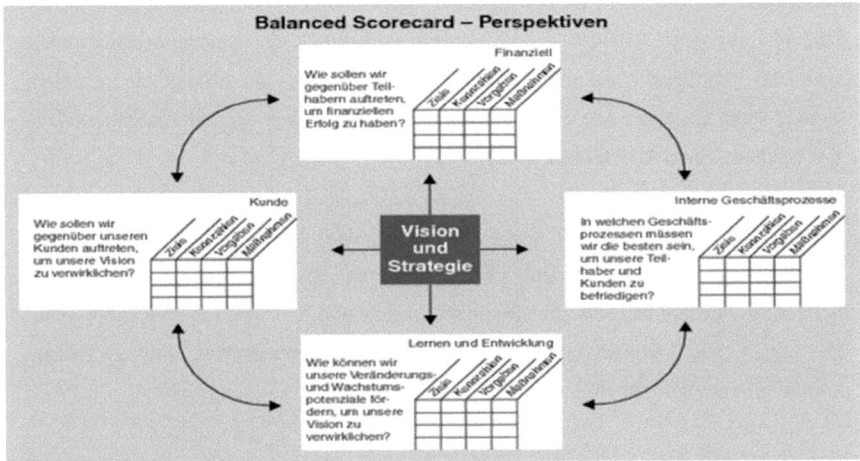

Abbildung 5: Grafische Darstellung der BSC (Kaplan & Norton, 1997, S. 9)

28

Im Folgenden wird die grafische Darstellung der BSC nach Kaplan und Norton (1997, S. 9) auf das betrachtete Unternehmen projiziert. Hierfür bilden die in Aufgabe 2 ausgewählte Unternehmensstrategie (Wachstumsstrategie mit Schwerpunkt „Produktentwicklung") sowie die in Aufgabe 1.2 dargestellte Vision die Basis:

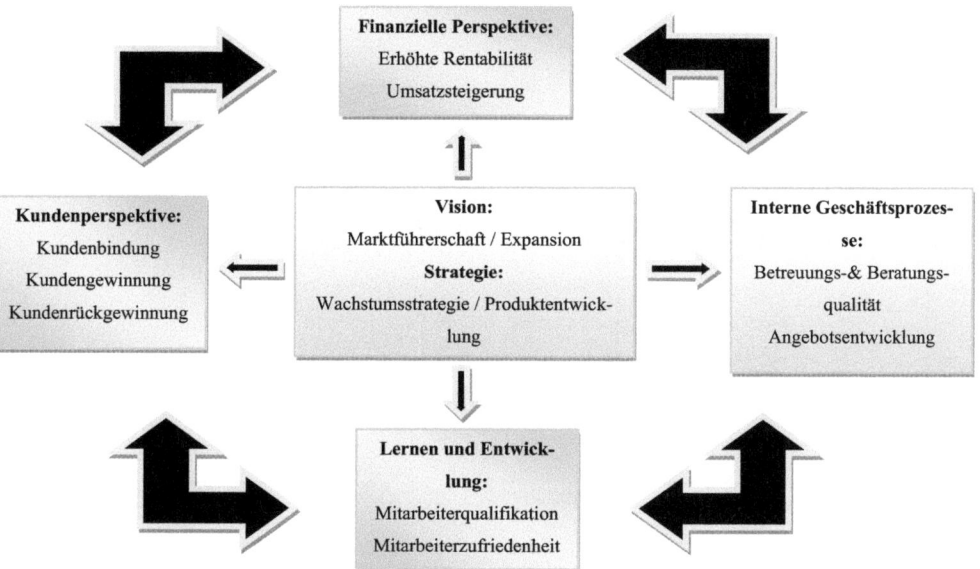

Abbildung 6: Balanced Scorecard für den „BBHC" (1. Version)

Eine weitere Möglichkeit der Darstellung der BSC findet sich in der folgenden Abbildung 7. Hier wird die BSC als komplexe Ursache-Wirkungskette dargestellt, welche ebenfalls die Beziehungen zwischen den einzelnen Perspektiven, der Unternehmensstrategie sowie der Unternehmensvision erfasst. Jene Ursache-Wirkungskette lässt sich in zahlreiche einzelne Ketten zerlegen, was anhand von zwei Beispielen im Verlauf dieser Arbeit in Aufgabe 4.2 vertieft wird.

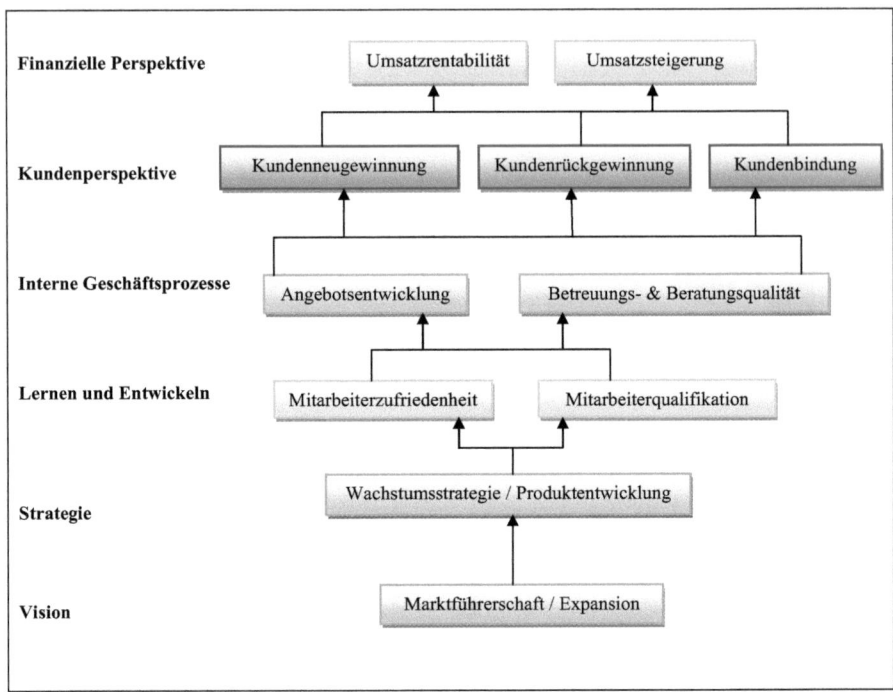

Abbildung 7: Balanced Scorecard für den „BBHC" (2. Version)

Erläuterung zu Abbildung 6 und Abbildung 7:

Vision & Strategie:

Voraussetzung für die Einführung der BSC ist eine gemeinsam erarbeitete und von allen Unternehmensteilen getragene Vision und Strategie (Kaplan & Norton, 1997, S. 25). Für das betrachtete Unternehmen stellt die regionale Marktführerschaft in Verbindung mit einer langfristigen überregionalen bzw. internationalen Expansion die Vision und die Wachstumsstrategie im Sinne der Produktentwicklung die Strategie dar.

Nach Kaplan und Norton (1997, S. 25) muss dabei die ganzheitliche Abbildung der Unternehmensphilosophie allen Beschäftigten des Unternehmens vermittelt werden, damit diese zielgerichtet in ihrer organisatorischen Einheit arbeiten können. Die strategischen Ziele und die daraus resultierenden Maßnahmen werden miteinander verknüpft und im Unternehmen publiziert. Es genügt nicht, dass jeder Mitarbeiter die Vision des Unternehmens und die Ziele seines Bereiches kennt, er sollte sich auch mit ihnen identifizieren können. Die Balanced Scorecard ist damit eine Methode zur Kommunikation der

Vision und Strategie. Für jede der folgenden Perspektiven werden Ziele, Kennzahlen, Vorgaben und Maßnahmen in einer Tabelle definiert (vgl. Aufgabe 4.3). Nach Kaplan und Norton (1997, S. 25) erreicht man damit das Herunterbrechen der Vision und Strategie auf Maßnahmen und Kennzahlen, die dann als Arbeitsplan für die einzelnen Mitarbeiter dienen. Kaplan und Norton folgern weitern (1997, S. 25), dass die Mitarbeiter aufgrund jener Tabelle die Ziele stets vor Augen haben und mit Hilfe der Kennzahlen den Grad der Zielerreichung messen können. Die Kennzahlen der Kunden-, internen Geschäftsprozess-, sowie Lern- und Entwicklungsperspektive sind grundsätzlich über Ursache-Wirkungs-Beziehungen mit den finanziellen Zielen verbunden (vgl. Aufgabe 4.2).

Lern- und Entwicklungsperspektive:

In der Lern- und Entwicklungsperspektive stellt sich die Frage, wie man die Fähigkeit zum Wandel und zur Verbesserung erreichen kann, um eine bestimmte Strategie zu realisieren (Kaplan & Norton, 1997, S. 9). Hierzu wird die Infrastruktur identifiziert, die das Unternehmen schaffen muss, um die notwendigen Voraussetzungen für die Erreichung der anderen Perspektiven zu schaffen bzw. zu verbessern, und um langfristig Wachstum und Verbesserung zu sichern. Unternehmen müssen kontinuierlich in Weiterbildung, Informationstechnologien und Systeme investieren und mit ihren Zielen in Einklang bringen. Diese Ziele werden bei der Lern- und Entwicklungsperspektive formuliert. Kennzahlen können z.B. Mitarbeiterzufriedenheit, Firmentreue, Training und Ausbildung sein (Kaplan & Norton, 1997, S. 27). In Bezug auf das „BBHC" bedeutet dies z.B., dass kurzfristig hohe Kosten für die Qualifizierung der Mitarbeiter bzw. für die Erhöhung der Mitarbeiterzufriedenheit entstehen. Langfristig gesehen können sich jene Investitionen jedoch kostensenkend (geringere Mitarbeiterfluktuation, etc.) und umsatzsteigernd (erhöhte Kundenzufriedenheit, etc.) auswirken, um dadurch den wirtschaftliche Erfolg des Unternehmens gewährleisten zu können.

Kundenperspektive:

In der Kundenperspektive geht es um die Fragestellung, wie das Unternehmen den Kunden gegenüber auftreten soll, um die Unternehmensvision zu verwirklichen (Kaplan & Norton, 1997, S. 9). Das Management identifiziert hierbei die Kunden- und Marktsegmente, in denen das Unternehmen konkurrieren soll. Diesbezüglich stehen die Bedürfnisse der Kunden im Vordergrund, um eine langfristige Kundenbindung zu erzielen.

Dazu müssen die Kundenwünsche identifiziert und mit entsprechend angepassten Leistungsangeboten zielgerichtet umgesetzt werden. Die Kundenzufriedenheit muss jedoch über das durchschnittliche Maß hinaus erfüllt werden, um zusätzlich zur Kundenbindung auch aktive Weiterempfehlungen zu generieren (Raps, 2004, S. 234). Diese Aspekte gelten ebenfalls für den „BBHC". Neben der Tatsache, dass das betrachtete Unternehmen als Marktführer im Sinne eines „Premium-Anbieters" gegenüber den Kunden auftritt, soll es auch für eine kontinuierliche Entwicklung stehen. Aus diesem Grund soll durch die Erweiterung des Leistungsangebots im Bereich der Kundenperspektive auch der Aspekt der Kundenrückgewinnung als entscheidender Punkt angesehen werden. Unzufriedene ehemalige Mitglieder sollen durch Innovationen und verbesserte Dienstleistungsqualität erneut vom „BBHC" überzeugt werden.

Interne Geschäftsprozesse:
Nach Kaplan und Norton (1997, S. 25) dreht es sich in jener Phase um die Frage, bei welchen Prozessen Hervorragendes geleistet werden muss, um die Strategien erfolgreich umzusetzen. Jene Phase ist in zwei Prozessen gegliedert (Kaplan & Norton, 1997, S. 25):

- Entwicklung neuer Produkte und Dienstleistungen
- Generierung und Optimierung bestehender Leistungen

Das betrachtete Unternehmen setzt in diesem Zusammenhang auf die Entwicklung neuer Angebote (Functional Training mit Kursen und Personal Training, etc.) und auf die Verbesserung der Prozessabläufe bzgl. der Beratung und Betreuung von Kunden und Interessenten. Hierbei stehen die z.B. die konsequente Einhaltung von Servicestandards (Begrüßung, Verlauf eines Beratungsgespräches, etc.) oder auch die Einhaltung diverser Quoten (Terminvereinbarungsquote, etc.) im Vordergrund.

Finanzielle Perspektive:

Die finanzielle Perspektive wird von der Frage geleitet, welche finanziellen Ziele erreicht werden müssen, um die ausgewählte Strategie erfolgreich umsetzen zu können (Kaplan & Norton, 1997, S. 9). Dabei sind finanzwirtschaftliche Ziele stets mit Rentabilität verbunden (Kaplan & Norton, 1997, S. 24). An dieser Stelle stehen im betrachteten Unternehmen die Kennzahlen der Umsatzerhöhung sowie der Rentabilität im Vordergrund. Weitere Details zur finanziellen Perspektive werden in Aufgabe 4.3 erörtert.

4.2 Ursache-Wirkungsketten

Nach Schmidt (2014, S. 312) ist eine Ursache-Wirkungskette eine graphische Darstellung von Ursachen, die zu einem Ergebnis führen oder dieses maßgeblich beeinflussen. Alle Problemursachen sollen so identifiziert und ihre Abhängigkeiten mit Hilfe einer Ursachen-Wirkungskette dargestellt werden.

Nach Schlaffke & Plünnecke (2014, S. 222) eignet sich eine Zugrundlegung von Beziehungen zwischen Ursache und Wirkung zur Ableitung von geeigneten Kennzahlen zur aktiven Steuerung von Unternehmensbereichen. In Bezug auf diese Aspekte werden für das betrachtete Unternehmen zwei Ursachen-Wirkungsketten, welche eine Verknüpfung mit den Finanzen aufweist, dargestellt.

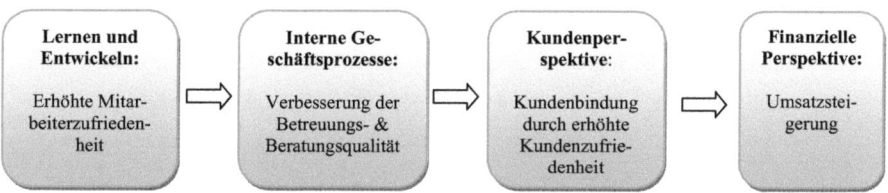

Abbildung 8: Ursache-Wirkungskette Nr. 1 für den „BBHC"

Abbildung 8 stellt dar, dass zufriedene bzw. im Optimalfall glückliche Mitarbeiter (Perspektive: Lernen & Entwickeln) aufgrund ihres erhöhtes Engagements sowie ihrer gesteigerten Motivation zu einer verbesserten Betreuung sowie Beratung von Interessenten und Mitgliedern (Perspektive: Interne Geschäftsprozesse) sowie zu einer Senkung der Mitarbeiterfluktuation führen. Aufgrund dieser erhöhten Dienstleistungsqualität und der Beständigkeit des Personals entsteht eine vertrauensvolle Beziehung zwischen Mitarbeiter und Kunde, welche einen positiven Einfluss auf die Kundenzufriedenheit ausübt und in einer erhöhten Kundenbindung und damit zu einer Senkung der Mitglieder-fluktuation mündet (Perspektive: Kundenperspektive). Daraus resultiert wiederum ein gesteigerter Umsatz und damit im Optimalfall ein erhöhter Gewinn.

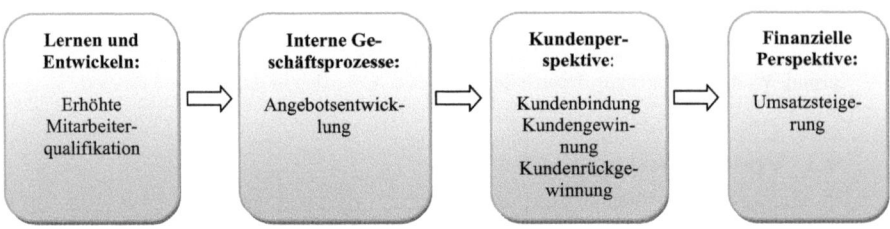

Abbildung 9: Ursache-Wirkungskette Nr. 2 für den „BBHC"

In Abbildung 9 wird aufgezeigt, dass eine erhöhte Mitarbeiterqualifikation eine weitrei-chendere Wirkungskette mit sich bringt als zunächst angenommen. Eine verbesserte Qualifizierung der Mitarbeiter kann zum einen auch die Basis für die in Abbildung 8 aufgezeigte Ursache-Wirkungskette darstellen (Perspektive: Lernen und Entwickeln). Zum anderen stellt sie aber auch den Grundstein für eine Angebotsentwicklung im Sin-ne einer Angebotserweiterung, wie es z.B. im Rahmen des strategischen Wandels, dar. Nur mit einem auf das neue Angebot geschulten Personal lässt sich das Angebotsspekt-rum weiterentwickeln und vor allen Dingen optimal in das Unternehmen und dessen bestehende Strukturen implementieren (Perspektive: Interne Geschäftsprozesse). Zum einen stellt das neue Angebot eine weitere Möglichkeit dar, um Bestandsmitglieder zu begeistern und sie an den „BBHC" zu binden, zum anderen werden durch eine Ange-botserweiterung neue Zielgruppen angesprochen bzw. bereits verlorene Mitglieder reak-tiviert (Perspektive: Kundenperspektive), was wiederrum zu einer Senkung der Fluktua-tionsquote bzw. Erhöhung der Anzahl von Neumitgliedern führt. Diese Aspekte spie-geln sich dann in einem gesteigerten Umsatz oder auch in einer Gewinnerhöhung wider (Perspektive: Finanzielle Perspektive).

In Bezug auf beide Ursache-Wirkungsketten soll im Folgenden abschließend noch ein-mal die Verknüpfung mit den Finanzen aufgestellt werden. Diesbezüglich weisen Ka-plan und Norton (1997, S. 145) darauf hin, dass eine Strategiekarte stets eine starke Be-tonung auf Ergebnisse, insbesondere Finanzergebnisse legen muss, so dass die Kausalkette aller Kennzahlen der BSC mit finanziellen Zielen verknüpft sein sollte und im Rahmen der BSC den höchsten Stellenwert einnimmt. Nach Raps (2004, S. 233) werden durch die finanzielle Perspektive die finanziellen Konsequenzen unternehmerischer Aktivitäten aus der Vergangenheit aufgezeigt, so dass sie einen Indikator dafür darstellt, ob die Implementierung der Strategie mit einer Ergebnisverbesserung verbunden ist. Die im Zentrum der finanziellen Perspektive stehenden Kennzahlen (Umsatz, Gewinn, Eigenkapitalrendite, etc.), können zum einen als Endpunkt (Spätindikator) angesehen werden, zum anderen können sie als Ausgangspunkt (Frühindikator) für neue Prozesse verwendet werden (Weber & Schäfer, 2000, S. 3). Ohne Berücksichtigung der finanziellen Mittel bzw. der Erwirtschaftung von Überschüssen kann ein Unternehmen mittel- bis langfristig nicht existieren, so dass die Verknüpfung der drei Perspektiven mit jener der Finanzen entscheidend für die strategische Unternehmensführung ist (Weber & Schäfer, 2000, S. 3).

4.3 Ziele, Kennzahlen, Vorgaben und Maßnahmen

Tabelle 4: Ziele, Kennzahlen, Vorgaben, Maßnahmen für die Perspektive "Lernen und Entwickeln" der BSC für den „BBHC"

Lernen und Entwickeln			
Ziele	Kennzahlen	Vorgaben	Maßnahmen
Verbesserung der Mitarbeiterqualifikation	Anzahl der Fortbildungen pro Mitarbeiter pro Jahr	Zwei planmäßige Fortbildungen pro Mitarbeiter pro Jahr	• Erweiterung des internen Schulungsangebotes • Erweiterung des Schulungsangebotes bei externen Anbietern • Anwesenheitsüberprüfung
Erhöhung der Mitarbeiterzufriedenheit	Anonymer Umfragebogen für Mitarbeiter (alle drei Monate)	Erreichung der Gesamtnote „2" = Mitarbeiter sind überdurchschnittlich zufrieden innerhalb von sechs Monaten	• Einführung sozialer Leistungen (vermögenswirksame Leistung) • Einführung betrieblicher Altersvorsorge • Mitarbeitereinzelgespräche (alle drei Monate) • teamfördernde Maßnahmen (Tag im Hochseilgarten, etc.)
Senkung des Krankheitsstandes	Krankheitstage pro Monat	Reduzierung um 20% pro Monat	• Einführung von BGM • Erhöhung der Mitarbeiterzufriedenheit bzw. Mitarbeitermotivation (siehe oben) • Einführung eines Betriebsarztes

35

Tabelle 5: Ziele, Kennzahlen, Vorgaben, Maßnahmen für die "Kundenperspektive" der BSC für den „BBHC"

Kundenperspektive			
Ziele	**Kennzahlen**	**Vorgaben**	**Maßnahmen**
Erhöhung der Kunden-bindung	Fluktuations-quote pro Mo-nat	unter 25% pro Monat inner-halb von zwölf Monaten	• Einführung neuer Angebote • Einführung einer Club-zeitung • Belohnung für regelmäßiges Training • Sommerfest, Ostereiersu-chen, etc. mit den Mitgliedern • zwei große Kampagne pro Jahr für Bestandsmitglieder
Erhöhung der Kunden-rückgewinnung	- Anzahl der Neuabschlüsse mit ehemaligen Mitgliedern pro Monat - Quote aus Kündigungswi-derrufen und Anzahl aller Kündigungen (Retentionquo-te) pro Monat	- fünf Neuabschlüsse pro Monat mit ehemaligen Mitgliedern innerhalb von drei Monaten - 15% Retentionquote pro Monat innerhalb von Mona-ten	• Kündigungsnachbearbeitung • Retentionangebote (Gut-schein, etc.) • Einführung neuer Angebote • Verbesserte und intensivere Betreuung • Einführung eines Controlling-Tools bzgl. der Kontakthäu-figkeit mit einem Mitglied
Steigerung der Mitglie-deranzahl	Anzahl der Neukunden in sechs Monaten	Steigerung der Mitglieder-anzahl um 90 in sechs Monaten	• Einführung neuer Angebote (neue Zielgruppen anspre-chen) • zwei große MarketingKam-pagnen pro Jahr • Erhöhung der Weiterempfeh-lungsrate • Erhöhung der Abschlussquote
Erhöhung der Ab-schlussquote	Abschlussquote pro Mitarbeiter pro Monat	Abschlussquote in sechs Monaten auf 80% pro Monat erhöhen	• Interne Verkaufsschulungen • Externe Verkaufsschulungen • Testkunden
Erhöhung der Weiter-empfehlungsrate	Weiterempfeh-lung pro Mit-glied pro Monat	Weiterempfehlungsrate pro Mitglied in Sechs Monaten auf 0,5% pro Monat erhö-hen	• Einführung eines Anreizsys-tems (Gutschein, Preise, etc.)
Erhöhung der Termin-vereinbarungsquote (z.B. bei Re-Tests)	Terminverein-barungsquote pro Mitarbeiter pro Monat	Terminvereinbarungsquote pro Mitarbeiter in sechs Monaten auf 85% erhöhen	• Interne Schulungen • Externe Schulungen • Testkunden • Einführung eines Controlling-Tools bzgl. der Kontakthäufig-keit mit einem Mitglied

Tabelle 6: Ziele, Kennzahlen, Vorgaben, Maßnahmen für die Perspektive "Interne Geschäftsprozesse" der BSC für den „BBHC"

Interne Geschäftsprozesse			
Ziele	**Kennzahlen**	**Vorgaben**	**Maßnahmen**
Erhöhte Angebotsentwicklung (zunächst: Functional Training)	Anzahl der Neuabschlüsse wegen des neuen Angebotes (durch Befragung) pro Monat	40% der Neuabschlüssen pro Monat innerhalb von sechs Monaten sollen auf die Einführung des Functional Trainings zurück zu führen sein	• interne & externe Bewerbung des neuen Angebots (z.B. durch Zeitungsartikel, etc.)
Optimierung der Betreuuungs- und Beratungsqualität	Anonymer Umfragebogen für Mitglieder (alle drei Monate)	Erreichung der Gesamtnote „2" = Mitglieder fühlen sich überdurchschnittlich gut beraten und betreut innerhalb von sechs Monaten	• interne Schulungen der Mitarbeiter • externe Schulungen der Mitarbeiter • Controlling durch Testkunden
Optimierung von Prozessabläufen	Verwaltungszeit (z.B. Kunden anlegen, Daten von Re-Tests einpflegen, etc.) am Computer pro Mitglied pro Monat	Senkung um 25% pro Mitglied pro Monat innerhalb der nächsten drei Monaten	• System bzw. Softwareschulung • Prozessanalyse • Arbeitsplatzgestaltung

Tabelle 7: Ziele, Kennzahlen, Vorgaben, Maßnahmen für die Perspektive "Finanzielle Perspektive" der BSC für den „BBHC"

Finanzielle Perspektive			
Ziele	**Kennzahlen**	**Vorgaben**	**Maßnahmen**
Sicherung der Liquidität	Liquidität 3. Grades in pro Monat	Erhöhung um 20% pro Monat in sechs Monaten	• Einführung eines Mahnwesens über Inkassounternehmen • Bonitätsprüfung ab einem bestimmten Auftragswert
Erhöhung des Umsatzes	Steigerungsrate des Jahresumsatzes	Steigerung des Jahresumsatzes um 24 000 Euro bis Ende 2016	• Erhöhte Kundenakquise → Erhöhung der Mitgliederanzahl • Verbesserte Kundenbindung → Senkung der Fluktuation • Durchführung regelmäßiger Benchmarkings
Erhöhung der Umsatzrentabilität	Umsatzrentabilität pro Jahr	Erhöhung auf 10% Ende 2016	• Senkung diverser Kosten (z.B. durch Anbieterwechsel von Strom, Internet etc.) • Erhöhung des Umsatzes

Nach Schlaffke und Plünnecke (2014, S. 225) ist die Unterscheidung der Kennzahlen in Früh- und Spätindikatoren ein wichtiger Bestandteil der BSC. Sie dienen als Frühwarnsystem und können auch aus mehreren Kennzahlen bestehen. Beide Arten von Indikatoren sollten nicht losgelöst voneinander betrachtet werden, da sie in starker Abhängigkeit zueinander stehen. Jene Abhängigkeit machen die Frühindikatoren sehr attraktiv, da man durch sie die Entwicklung der Spätindikatoren sehr früh abschätzen kann. Zusammenfassend bedeutet dies, dass Früh- und Spätindikatoren ein System logisch (im Sinne von Ursache und Wirkung) und zeitlich (im Sinne der Abfolge) verbundener Größen bilden (Friedag & Schmidt, 1999, S. 111). Aus diesem Grund werden im Folgenden beide Arten von Indikatoren allgemein erläutert:

Die Mehrzahl der Kennzahlen, die standardmäßig verwendet werden, sind Spätindikatoren. Insbesondere diejenigen, welche sich aus Positionen der Bilanz sowie der Gewinn- und Verlustrechnung ergeben, werden am Schluss betriebswirtschaftlicher Vorgänge gemessen. Damit sind sie zwar geeignet, um in die Zukunft projiziert zu werden, an der Tatsache, dass sie erst langfristig nach dem Eintreten der zu Grunde liegenden Prozesse gemessen werden, ändert sich hingegen nichts (Schlaffke & Plünnecke, 2014, S. 225). Frühindikatoren sind hingegen Kennzahlen, die zu Beginn oder in einer sehr frühen Phase eines Prozesses Hinweise auf mögliche Ergebnisse darstellen können. Jene Kennzahlen können damit in einem sehr frühen Stadium eine Entwicklung aufzeigen, die unter Umständen für das Unternehmen zu einer Herausforderung im negativen Sinne werden könnte (Schlaffke & Plünnecke, 2014, S. 225 – 226). Nach Friedag und Schmidt (1999, S. 43) werden Frühindikatoren auch als Kennzahlen bezeichnet, die jene Prozesse messen, welche die Erreichung zukünftiger Ziele heute sicherstellen. Frühindikatoren nehmen für die BSC einen hohen Stellenwert ein, da mit ihrer Hilfe die Verknüpfung der strategischen Ebene mit der finanziellen Ebene gebildet wird. Vor diesem Hintergrund ist die Bestimmung von Frühindikatoren für alle Perspektiven entscheidend. Je früher eine negative Entwicklung erfasst wird, desto größer ist die Zeitspanne, in der geeignete Gegenmaßnahmen gefunden werden können. Aus diesem Grund sind Frühindikatoren ein hilfreiches Element im Controlling (Schlaffke & Plünnecke, 2014, S. 226).

In der folgenden Tabelle 8 werden mögliche Frühindikatoren bzw. Leistungstreiber in Bezug auf die ausgewählten Kennzahlen für den „BBHC" dargestellt:

Tabelle 8: Frühindikatoren / Leistungstreiber für den "BBHC"

Frühindikatoren bzw. Leistungstreiber für das „BBHC"
Anzahl der wahrgenommenen Fortbildungen pro Mitarbeiter pro Jahr
Auswertung der anonymen Umfragebögen für Mitarbeiter (alle drei Monate)
Krankheitstage pro Monat
Fluktuationsquote pro Monat
Anzahl der Neuabschlüsse mit ehemaligen Mitgliedern pro Monat
Retentionquote pro Monat
Anzahl der Neukunden pro Monat
Abschlussquote pro Mitarbeiter pro Monat
Weiterempfehlung pro Mitglied pro Monat
Terminvereinbarungsquote pro Mitarbeiter pro Monat
Anzahl der Neuabschlüsse (zurückführbar auf das neue Angebot) pro Monat
Auswertung der anonymen Umfragebögen für Mitglieder (alle drei Monate)
Steigerung der Mitgliederanzahl in sechs Monaten
Abschlussquote pro Mitarbeiter pro Monat
Verwaltungszeit am Computer pro Mitglied pro Monat

5 Literaturverzeichnis

Bamberger, I. & Wrona, T. (2004). *Strategische Unternehmensführung.* München: Vahlen.

Doppler, K. & Lauterberg C. (1997). *Change Management. Den Unternehmenswandel gestalten* (6. Aufl.). Frankfurt/Main: Campus.

Engel, A. & Dutt, B. J. (2002). Die Wissensgesellschaft von morgen – Konstruktives Management von Wertkonflikten in Unternehmen. *ZKM- Zeitschrift für Konfliktmanagement, 3,* 5-9.

Friedag, H. R. & Schmidt, W. (1999). *Balanced Scorecard – mehr als ein Kennzahlensystem.* Freiburg i. Br.: Haufe.

Heintel, P. & Krainz, E. E. (2000). *Projektmanagement. Eine Antwort auf die Hierarchiekrise?* (4. Aufl.). Wiesbaden: Gabler.

Hinterhuber, H. (2004). *Strategische Unternehmensführung* (7. Grundlegend neubearbeitete Aufl.). Berlin: Walter de Gruyter.

Hinterhuber, H. (2011). *Strategische Unternehmensführung: Vision, Ziele, Strategie* (8. Aufl.). Berlin: Erich Schmidt.

Kaplan, R. S. & Norton, D. P. (1997). *Balanced Scorecard – Strategien erfolgreich umsetzen.* Stuttgart: Schäfer-Poeschel.

Kaplan, R. S. & Norton, D. P. (2001). *Die strategiefokussierte Organisation.* Stuttgart: Schäfer-Poeschel

Kolks, U. (1990). *Strategieimplementierung - Ein anwenderorientiertes Konzept.* Wiesbaden: Deutscher Universitäts-Verlag.

Krause, L. (2008). *Methode zur Implementierung von integriertem Produktdatenmanagement.* Berlin: GITO.

Kreikebaum, H. (1997). *Strategische Unternehmensplanung* (6. Aufl.). Stuttgart: Kohlhammer.

Lankheit, M. & Thies, H. (2015). Gewinnbringende Investition! Gestaltung von Functional-Training-Studios. *body life Europe' s No.1, 5,* 47.

Macharzina, K. & Wolf, J. (2005): *Unternehmensführung: Das internationale Managementwissen – Konzepte – Methoden – Praxis* (5. Grundlegend überarbeitete Aufl.). Wiesbaden: Gabler.

Müller-Stewens, G. & Lechner, C. (2005): *Strategisches Management* (3. Aufl.). Stuttgart: Schäffer-Poeschel.

Raps, A. (2004). *Erfolgsfaktoren der Strategieimplementierung - Konzeption und Instrumente* (2. Aufl.). Wiesbaden: Deutscher Universitäts-Verlag.

Ritter, H. G. (1999). *Personalwirtschaftslehre*. Stuttgart: Kohlhammer.

Schlaffke, W. & Plünnecke, A. (2014): *Studienbrief „Strategische Unternehmensführung II"*. Saarbrücken: Deutsche Hochschule für Prävention und Gesundheitsmanagement.

Schmidt, G. (2014): *Organisation und Business Analysis - Methoden und Techniken* (15. Aufl.). Wettenberg: Verlag Dr. Götz Schmidt.

Tsolakis, T. (2015). Planung einer Functional-Planung-Fitness-Fläche. *body life Europe' s No.1, 5* , 51 – 52.

Weber, J. & Schäfer, U.: *Balanced Scorecard & Controlling: Implementierung – Nutzen für Manager und Controller - Erfahrungen in deutschen Unternehmen (Advanced Controlling)* (3. Überarb. Aufl.). Wiesbaden: Dr. Th. Gabler Verlag.

Weigand, A. & Krause, S. (2011). *Strategische Unternehmensführung: Konzepte, Prozesse, Instrumente* (2. Aufl.). Krummesse: Erasmus.

Welge, M. & Al-Laham, A. (2008). *Strategisches Management: Grundlagen- Prozess- Implementierung* (5. vollständig überarbeitete Aufl.). Wiesbaden: Gabler.

6 Abbildungs- und Tabellenverzeichnis

6.1 Abbildungsverzeichnis

6.2 Tabellenverzeichnis